부모와 자녀가 함께 배운다

만화로 보는 프로그래밍 교육

그림 **마루사이**
감수 **이시도 나나코**

비엘북스

[프롤로그] 처음 뵙겠습니다. 나나코 선생님

등장 인물

이 만화의 스토리는 픽션입니다.
실존 인물이나 단체와는 관계가 없습니다.

나나코 선생님

프로그래밍 교육전문가
마루사이의
옆집으로 이사왔다.

마루사이

삼형제의 어머니
컴퓨터로 만화, 애니메이션을 그리지만
컴맹이다.

수(남편)

삼형제의 아버지
직장 업무 때문에
항상 컴퓨터를 끼고 삽니다.

지세

장남
기계를 좋아한다.
로봇 프로그래밍에 흥미가 있다.

미세

차남
작곡 어플이나 프로그래밍 어플을
사용하고 있다.

마세

삼남
공상과학 영화에 나오는
미래 세계에 빠져 있다.

저자 프로필

만화 : 마루사이

만화가. 남편과 3형제의 5인 가족. 교육, 음식 관련 인스타그램으로 굉장한 인기를 끌고 있다. 작품으로는 [남자가 3명 있어요], [대충해도 있어 보이는 엄마의 최강의 밥] 등이 있다.

감수 : 이시도 나나코

NPO 법인 CANVAS 이사장. 주식회사 디지털 그림책 (デジタルえほん) 대표. 게이오대학 교수. 정책 미디어 박사.
도쿄대 공학부 졸업 후 매사추세츠 공과 대학 미디어 실험실 객원 연구원을 거쳐 NPO 법인 CANVAS, 주식회사 디지털 에혼, 일반 사단법인 초교육 협회 등을 설립, 대표로 취임. 저서에 [프로그래밍 교육 부모가 궁금해 하는 45가지 질문](잼하우스), [아이의 창조력 스위치!](필름 아트사), [디지털 교육선언](KADOKAWA) 등 프로그래밍 교육 관련 번역·감수서 다수.

들어가며

이시도 나나코

「읽기, 쓰기에 덧붙여 프로그래밍」의 시대가 왔습니다.
현재의 우리의 생활을 떠올려 보겠습니다. 직장에도 학교에도 집에도, 컴퓨터와 인터넷이 밀접하게 연결되 있습니다. 밥을 할 때도 세탁을 할 때도 TV를 볼 때도 말이죠. 또한 자동차는 많은 수의 반도체가 들어있는 컴퓨터로 제어되고 청소에도 프로그램이 제어하는 로봇이 활약하고 있습니다. 냉/난방, 부엌, 욕실 등 모든 가전제품을 컴퓨터가 관리합니다. 기차, 신호등, 병원의 진료 시스템, 세금 및 은행 예금의 관리는 모두 인터넷에서 이루어집니다.

생활, 문화, 사회, 경제의 모든 장면에서 우리는 컴퓨터를 이용합니다. 그리고 이 모든 것들은 컴퓨터 프로그래밍으로 만들어집니다. 그렇기 때문에 그 기초 매커니즘을 습득하는 것은 국어 · 수학과 마찬가지로 사람에게 필요한 기초 교양이 되었습니다.

스포츠 선수, 뮤지션, 의사, 학교 선생님 등등, 아이들이 동경하는 거의 모든 직업이 컴퓨터가 필요하다고 해도 과언이 아닐 것입니다.

예를 들어, 야구에서는 컴퓨터로 신체의 움직임을 분석하여 효과적인 연습방법을 찾게 되고 경기 전략도 데이터를 기반으로 컴퓨터에서 분석합니다. VR 기술을 활용하여 타격 연습을 할 수도 있습니다.

음악 세계에서는 컴퓨터를 사용하여 작곡하고 밴드 활동에서도 프로그래머가 활약하고 있습니다. 병원에서는 AI(인공지능)로 진단하고, 원격 조작으로 수술을 진행합니다. 학교에서는 VR(가상현실)에서 체험형 학습을 설계하고, AI로 한 사람 한 사람을 따른 세밀한 지도를 실시합니다. 이러한 컴퓨터의 이용은 점점더 늘어날 것입니다.

세상에 어떤 무엇이든 컴퓨터와 관계없는 것은 없게 될 것입니다. 지금의 아이들이 어른이 될 무렵에는 많은 직업이 없어지게 된다고 합니다. 현재의 모습을 봐도 그것은 분명한 현실입니다. 고속도로는 하이패스를 통해 통과하며 은행창구 업무는 ATM이 담당하고 있습니다. 대형 슈퍼 등은 직접 계산할 수 있는 무인결제가 사람을 대신합니다. 역개찰구도 모두 자동화되어 표를 받는 사람은 더 이상 없습니다. 지금까지 사람이 하고 있던 일을 컴퓨터가 하고 있습니다. 이 흐름은 변하지 않을 것입니다.

2045년에는 컴퓨터가 사람의 능력을 넘어서는 특이점이 도래한다고 합니다. 많은 일이 없어지는 것으로 불안하게 느끼는 분도 있을 것입니다. 산업혁명 당시에도 기계에 일을 빼앗기는 것을 우려한 사람들에 의해 기계 파괴 운동이 일어나기도 했습니다. 그러나 그 후 우리의 삶은 어떻게 되었나요?

기술의 눈부신 발전으로 인류의 삶은 매우 풍요롭고 편리하게 바뀌었습니다. 지금까지 많은 일자리가 없어졌지만, 많은 새 직업이 생겨났습니다.
최근에도 유튜버, 게임 크리에이터, 앱 제작, 인터넷 쇼핑몰, 온라인 은행. 새로운 좋은 직업이 차례로 태어납니다. 앞으로도 계속 태어날 것입니다. 앞으로의 시대를 살아가는 아이들에게는, 「지금까지 없는 일」을 스스로 창조해 나가는 힘이 요구됩니다. 그리고 그들은 "디지털 창조"의 세계에서 태어나 자라게 될 것입니다. 이러한 시대에 일본에서는 2020년 4월부터 "프로그래밍 교육"이 필수과목이 되었습니다. 이 책에서는 마루사이씨 가족이 "프로그래밍"이라고 하는 미지의 세계에 놀라서 당황하면서도 점점 즐기게 되면서 목적과 개념을 배워가는 모습들이 그려져 있습니다.

언제나 새로운 기술의 발명은 사회를 변화시켰습니다.
산업 사회의 시대는 지식을 기억하고 암기하는 것이 중요했습니다. 정보 사회에서는 대량의 정보 중에서 필요한 정보를 취사 선택하여 스스로 과제를 설계하고, 전 세계의 다양한 가치관의 사람과 협동하고, 새로운 가치를 창조하는 힘이 요구됩니다.

제3차 산업혁명에 의해 초래된 정보기술의 현저한 발전은 편리하고 쾌적한 생활을 실현하는 동시에 다양한 질서를 무너뜨렸습니다. "좋은 학교", "좋은 회사" 또한 유지하기 힘들게 되었습니다.

이제 울리는 AI나 IoT(사물인터넷)가 견인하는 제4차 산업 혁명, 소사이어티 5.0이라고 불리는 새로운 사회의 시대를 맞이하려고 합니다. 이 시대의 특징은 예측불가능한 변화의 시대라는 것. 그런 시대를 살아가게될 아이들은 예측 불가능한 사건에 유연하게 대응할수 있는 힘이 필요합니다.

변화에 대한 대응력. 그것은 마르사이씨의 가족과 같은 "끊임없이 배우는 힘"과 "변화를 두려워하지 않고 받아들이는 힘"이라고 말할 수 있습니다. 프로그래밍은 통해 많은 시행착오를 거치며 주체적으로 학습하는 태도가 자라게 되니다. 그것이 끊임없이 배우는 힘의 원동력입니다.

그리고 무엇보다도 프로그래밍은 재미있습니다. 학교에서 배운 지식만으로는 알 수 없고, 아무도 대답을 가르쳐 주지 않는 세상이어도 지금까지의 상식에 얽매이지 않고 변화를 즐기면서 끊임없이 계속 배우고 계속해서 새로운 가치를 창조해 나가기를 바랍니다.

컴퓨터나 AI는 대단하다고 느껴질지도 모릅니다. 하지만 그것을 만든 것은 인간의 창조력입니다. 새로운 기술은 계속해서 나오게 될 것입니다. 중요한 것은 프로그래밍을 통해 무엇을 창조할 것인가 라고 생각합니다.

이 책을 읽는 여러분들은, 이런 변화와 창조를 즐기면서 새로운 시대를 열어주기를 바랍니다. 미래를 만드는 것은 자기 자신입니다.

목차

[프롤로그] 만나서 반갑습니다. 나나코 선생님
등장 인물 소개
인사말 이시도 나나코
메모

제1장 프로그래밍이 뭔가요?
나나코 선생님의 프로그래밍 강좌
왜 지금 프로그래밍을 배워야 하는가?
읽기, 쓰기, 프로그래밍
[칼럼] 나나코 선생님은 어떤 분일까요?

제2장 필수화로 성장하게 될 아이들의 새로운 힘
미래로 확장되는 아이들의 가능성
해보자! 프로그래밍적 사고
컴퓨터에 대해 더 알아봅시다.

실제 프로그래밍 수업은?
Steam 교육 퀴즈
[칼럼] 해외의 프로그래밍 교육 동향

제 3장 아이와 함께 하는 프로그래밍 사고

PC와 태블릿중에 어느쪽이신가요?
아이들과 함께 규칙 만들기
정보 활용 능력을 익히자
워크숍에 참가해 보았습니다.
[칼럼] 어린이용 프로그래밍 앱 소개

[에필로그] 「소사이어티 5.0」 새로운 사회로

지킴이 설정(Parental Controls) (청소년 보호 기능)의 시작
나나코 선생님의 [더 알고 싶어요!] 용어해설집
끝으로 마루사이

메모(memo)

프로그래밍이 뭔가요?

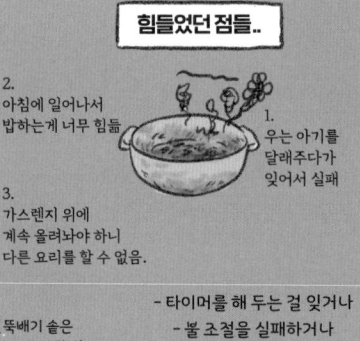

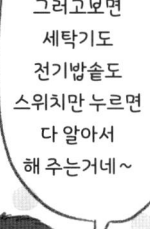

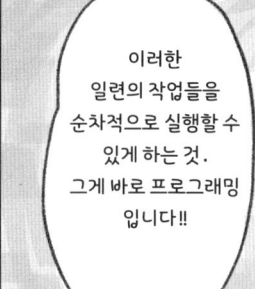

나나코 선생님은 어떤 분일까요?

이 책에서 프로그래밍교육에 대해
자세히 알려주시는 이시도 나나코 선생님을
소개해 보겠습니다~

 도쿄 출생의 우주를 동경했던 소녀

이 책의 감수는 NPO 법인 CANVAS의 이사장이신 이시도 나나코씨가 맡아주셨습다. 일본의 초등학교 프로그래밍 교육 필수화를 위해 문부과학성의 프로그래밍 교육외원회의 멤버로 위촉되어 학습 내용의 설계에도 직접 참여하셨습니다. 또한 만화에 등장하지 않지만 초등학생을 키우는 어머니이기도 합니다. 도쿄의 플라스틱 공장에서 일하신 아버지와 프로그래머인 어머니 사이에 태어나 현재 직업의 기반이 된 [기계설계]와 [디지털]에 자연스럽게 가까워질 수 있는 환경에서 자랐습니다. 어릴 때부터 우주를 동경하여 주말에는 오빠와 같이 국립과학박물관을 비롯한 다양한 박물관 견학을 다니기도 했다고 합니다. 학창시절에는 수학/물리에 빠져지냈으며, '우주에 갈 거야!'라고 생각했던 어린 이는 꿈을 실현하기 위해 도쿄대에 진학하게 됩니다.

주요경력
2002년 도쿄대학 졸업 MIT 미디어 연구실에 NPO법인 CANVAS설립
2004년 [워크숍 콜렉션] 시작
2010년 디지털 교과서교재협의회 설립
2011년 주식회사 디지털 그림책 설립
2013년 총무성정보통신협심의회 의원
2016년 문부과학성 프로그래밍교육위원회 의원
2018년 초교육협회 설립
게이오 대학교수
NHK중앙방송심의회 의원

나나코 선생님 완전분석! ♡

거북이 등껍질 같은 큰 가방을 선호!
가방 안에는 맥북과 아이패드 등이 들어있다. 무게는 무려 10kg 이상!

목표가 우주에서 미래의 어린이들로 바뀌다

우주라는 목표 하나만을 가지고 열심히 노력하던 나나코 선생님이 생각을 바꾸게 된 계기는 대학교 3학년 때 수업을 통해 이름 정도만 알고 있었던 미국 MIT 공대의 미디어랩이었습니다. 디지털을 통해 자유로운 발상을 형태를 갖춘 무언가로 만들어가는 연구자들의 모습에 매료되었습니다. [디지털로 무엇인가를 만들어 가는 것]에 대한 가능성을 확신하게 됩니다. 그렇게 그녀는 2002년 대학교를 졸업하고 곧바로 미국 MIT 미디어랩의 객원연구원으로 가게 됩니다. 미디어랩에서의 연구를 통해 [어린이와 미디어]를 일생의 연구 과제로 결정합니다. 그 뒤 새로운 일본의 교육방법을 만드는 것을 목표로 귀국합니다. 2002년에 NPO 법인 CANVAS를 설립하고 2년 뒤에는 세계 최초로 어린이를 위한 워크숍 이벤트 [워크숍 콜렉션]을 개막. 현재에 이르러서는 10만 명이 참여하는 거대한 이벤트로 성장했습니다. 2010년부터는 어린이의 1인 1컴퓨터 환경에 대한 활동을 시작하면서 디지털 교재를 만드는 작업을 진행하며 프로그래밍 교육의 필수화에 대한 준비를 계속하고 있습니다.

시력은 마사이족 급!!
양쪽다 2.0!
실제로는 4.0이라는 소문도!!

화장은 안하는 편,
매력적인 미소,
사진을 찍을땐 환하게 웃어요~

[특기] 히치하이킹
MIT시절 세계의 어린이 박물관들을 견학했다고.

[학창시절의 일화]
물대신 술을 마셨다고...
지금도 학교에서는 전설의 레전드로 불린다는...

트레이드 마크는 슬리퍼!!
드레스를 입을 때도
슬리퍼는 필수템!!

필수화로 성장하게 될
아이들의 새로운 힘

밝은 미래로 이어지는 아이들의 가능성

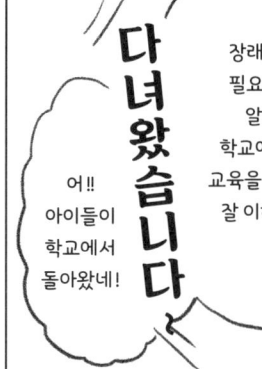

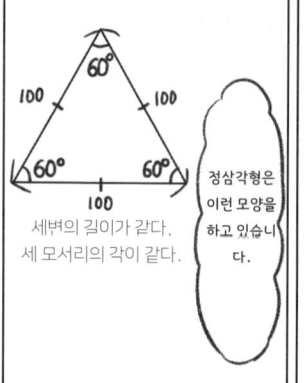

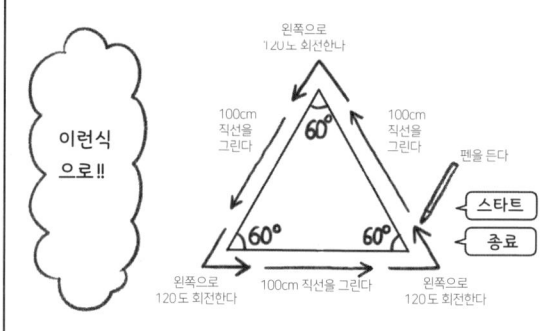

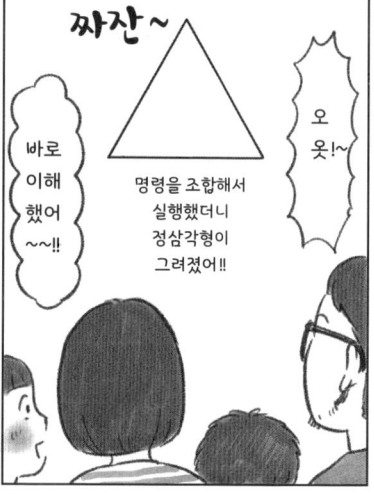

정보기기 소지율

13~15세 학생들을 대상으로 정보기기 보유 여부를 조사

	스마트폰	태블릿	노트북	데스크탑	휴대용 게임기
일본	79.2%	25.4%	19.7%	8.1%	49.7%
한국	98.5%	34.1%	50.4%	46.7%	23.7%
미국	89.9%	56.0%	59.5%	28.6%	33.3%
영국	89.6%	62.3%	59.1%	25.3%	34.4%
독일	97.3%	50.7%	63.7%	31.5%	33.6%
프랑스	92.9%	52.2%	62.1%	29.7%	45.1%
스위스	95.9%	61.6%	62.8%	34.3%	19.8%

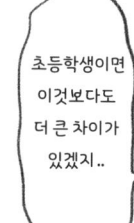

이 표를 봐주세요..

초등학생이면 이것보다도 더 큰 차이가 있겠지..

역시 게임 강국!

그에 비하면 게임기 소지율은 1등..

해외에 비교하면 일본 중학생들의 컴퓨터 소지율이 정말 낮네요..

아... 이건 좀.. 그렇긴 하다...

그래서 프로그래밍 교육의 필수화... 라는 건 나라에서도 정말 중요하게 생각하고 있는 거군요.

콤뿌터??? 그게모양!!

지금은 21세기 인데도!!

프로그래밍 교육을 받기 이전 세대의 어린이들은 컴퓨터를 사용할 기회가 없었지요.

어린시절의 마루사이

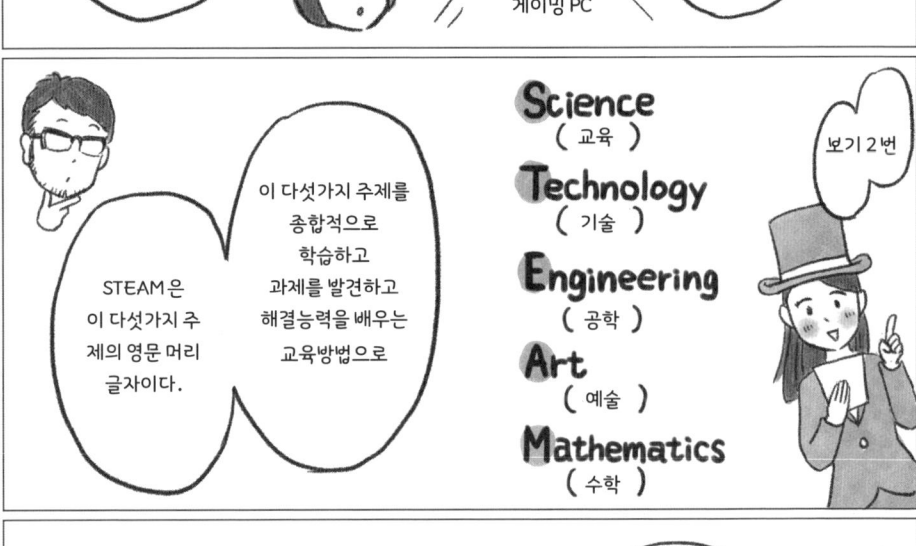

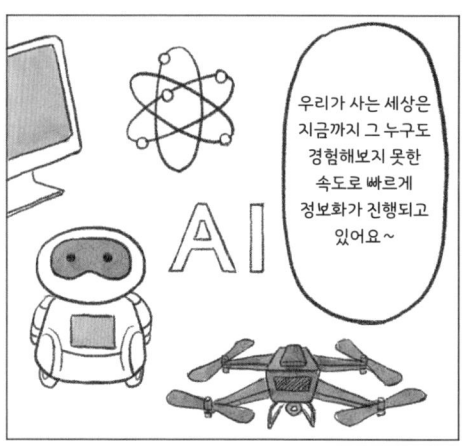

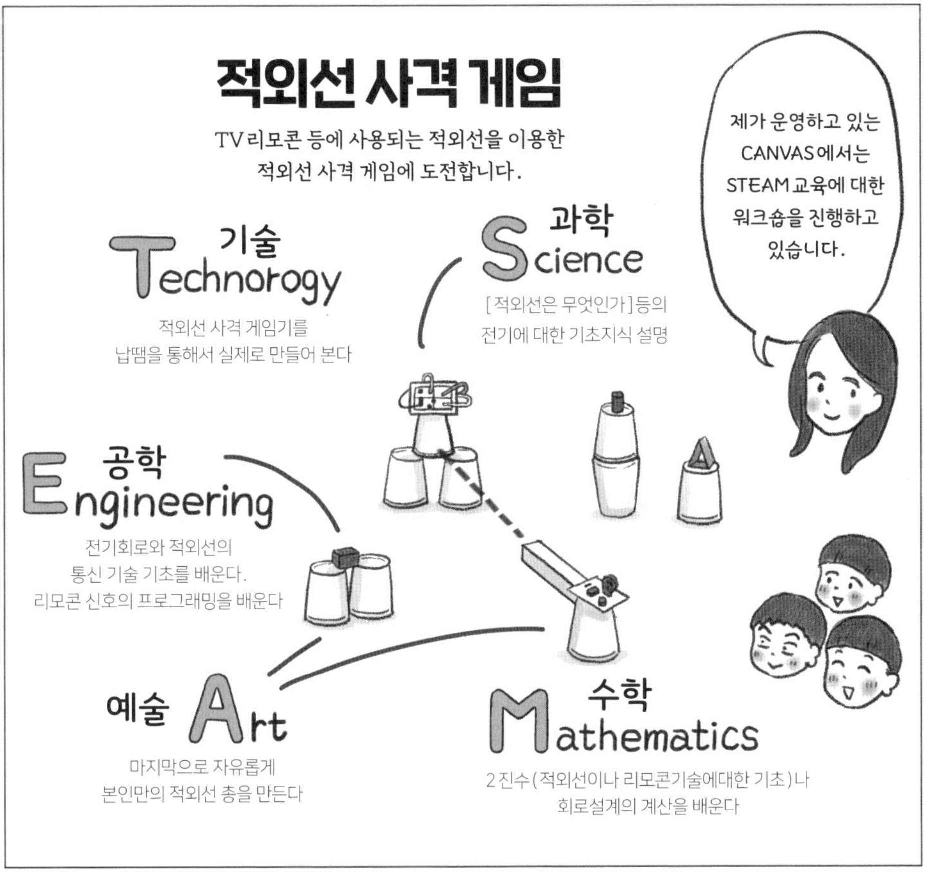

적외선 사격 게임

TV 리모콘 등에 사용되는 적외선을 이용한
적외선 사격 게임에 도전합니다.

기술 Technorogy
적외선 사격 게임기를
납땜을 통해서 실제로 만들어 본다

과학 Science
[적외선은 무엇인가]등의
전기에 대한 기초지식 설명

공학 Engineering
전기회로와 적외선의
통신 기술 기초를 배운다.
리모콘 신호의 프로그래밍을 배운다

예술 Art
마지막으로 자유롭게
본인만의 적외선 총을 만든다

수학 Mathematics
2진수(적외선이나 리모콘기술에대한 기초)나
회로설계의 계산을 배운다

제가 운영하고 있는 CANVAS에서는 STEAM 교육에 대한 워크숍을 진행하고 있습니다.

워크샵에 가지 않았어도 난 맞췄다고…

그럼 다음 번에~

적외선 사격게임을 하면서 다섯가지의 융합된 학문들을 배울 수 있습니다.

진작에 워크숍에 참가했더라면 퀴즈대회 우승자는 내가 될 수도 있었을 것을…

나나코 선생님

프로그래밍 교육의 세계 동향

이미 프로그래밍 교육을 필수 과목으로 하고 있는
나라들의 현재상황과 일본의 현재,
그리고 향후 전망에 대해 소개합니다.

90년대부터 시작된 세계 각국의 프로그래밍 교육

2020년도부터 초등학교에서 필수화된 프로그래밍 교육이 최초로 명문화된 것은 정부의 성장 전략으로 2013년 6월 발표된 '교육개혁'에서였습니다. 그런 다음 교육 및 프로그래밍 전문가가 모여 초등학교에서 어떤 교육을 받으면 좋은지 토론을 거듭하여 지도 내용이나 교과서가 바뀌는 2020년부터 실시해 나가는 것이 정해졌습니다. 하지만 그사이에 세계적으로는 프로그래밍 교육에 대한 정책을 먼저 진행하고 특히 유럽을 시작으로 아시아나 중동 지역 등 빠르게 시작한 나라에서는 90년대부터 필수 과목 지정을 시작했습니다.

외국과의 비교를 통한 일본의 현재와 문제점

일본의 어린이들은 해외의 [컴퓨터 교육 선진국]에 비교하면, 학교와 가정에서 디지털기기를 활용한 학습시간이 부족하다는 결과가 PISA의 조사로 명백해졌습니다. PISA는 유럽을 중심으로 미국, 일본 등의 35개국이 가입해 있는 OECD(경제협력개발기구)에서 3년에 한 번씩 진행하는 국제 학습성취도 조사입니다. 2018년 79개 국가 및 지역의 15세 학생을 대상으로 독해력, 수학적 사고력, 과학적인 사고력의 3가지 분야에 대한 조사를 실행했습니다. 일본은 수학적, 과학적 사고에서 5위, 6위에 위치했습니다. 한편 독해력은 평균을 겨우 넘긴 15위로, 2012년에는 4위 2015년에는 8위로 매년 하락하고 있는 것으로 나타났습니다. 또한 독해력에 대해서는 시대와 함께 변화하여 2018년부터는 [인터넷으로부터 필요한 정보를 찾아내기],[정보를 찾아내고 평가하여 자유롭게 사용하기] 등 [정보 활용 능력]에 대한 문제가 추가되어 특히 일본은 이 항목에 대한 정답률이 낮다고 지적되고 있습니다.

문부과학성에서는 일본어 과목뿐만 아니라 다른 과목들에서도 논리적인 의견을 기술할 수 있는 표현력, 정확하게 정보를 취합할 수 있는 능력을 가르칠 필요가 있다고 하고 있습니다.

해외에서는 이렇게 교육하고 있습니다.

그렇다면 컴퓨터와 프로그래밍 교육을 적극적으로 도입한 나라들은 어떤 교육을 하고 있을까요. 프로그래밍을 필수과목으로 하고 있는 나라로는 유럽에는 영국, 헝가리, 핀란드 등이 있습니다. 특히, 영국은 프로그래밍 교육의 선진국으로 불리며 의무교육이 시작되는 5살부터 [컴퓨팅]이라고 하는 교과목을 배웁니다. 프로그래밍 뿐 만 아니라 문

	독해력	수학적 능력	과학적 능력
1	베이징,상해,강소,절강	베이징,상해,강소,절강	베이징,상해,강소,절강
2	싱가폴	싱가폴	싱가폴
3	마카오	마카오	마카오
4	홍콩	홍콩	에스토니아
5	에스토니아	대만	일본
6	캐나다	일본	핀란드
7	핀란드	한국	한국
8	아일랜드	에스토니아	캐나다
9	한국	네덜란드	홍콩
10	폴란드	폴란드	대만
11	스웨덴	스위스	스웨덴
12	뉴질랜드	캐나다	뉴질랜드
13	미국	덴마크	슬로베니아
14	영국	슬로베니아	영국
15	일본	벨기에	네덜란드
16	오스트레일리아	핀란드	독일
17	대만	스웨덴	오스트레일리아
18	덴마크	영국	미국
19	노르웨이	노르웨이	스웨덴
20	독일	독일	벨기에

는 일본의 평균 득점과 통계적 유의한 차이가 없는 나라   의 나라·지역은 비OECD 회원국·지역

OECD에 의한 15세를 대상으로 한 독해력 조사의 상위 20개국 랭킹. 독해력이란 "정보를 찾아내고 이해하고 평가하고 숙고하는" 능력을 말합니다. OECD 학생 학업성취도 평가조사(PISA)'(2018년),

	국어	수학	이과
1	덴마크(87.7%)	덴마크(87.7%)	덴마크(84.2%)
2	스웨덴(82.5%)	호주(60.5%)	스웨덴(75.5%)
3	뉴질랜드(82.3%)	아이슬란드(54.7%)	호주(72.5%)
4	호주(77.5%)	뉴질랜드(54.7%)	뉴질랜드(64.2%)
5	미국(68.6%)	미국(53.8%)	미국(63.0%)
6	아이슬란드(61.3%)	터키(49.9%)	아이슬란드(61.7%)
7	핀란드(61.0%)	스웨덴(49.4%)	터키(57.8%)
29	그리스(25.7%)	슬로베키아(24.2%)	그리스(31.4%)
30	프랑스(25.5%)	그리스(20.3%)	벨기에(30.4%)
31	일본(14%)	일본(19.1%)	일본(19%)

OECD 회원국을 대상으로 학교에서 디지털 기기의 이용률을 교과별로 조사. 일본은 국어 수학 이과 에서 최하위를 받았습니다. OECD 학생 학업성취도 평가조사(PISA)'(2018년), 보충자료(2018)

제를 해결할 때의 순서를 정하는 [알고리즘]도 교육하고 있습니다. PISA에서 항상 상위를 차지하는 에스토니아는 북유럽의 인구수 130만 명의 작은 나라입니다. 인터넷을 통한 선거와, 결제 기능이 통합된 주민 카드의 도입 등 ICT를 적극적으로 활용하는 나라입니다. 1991년부터 시작한 IT정책은 30년 이상 진행되고 성숙해져서 필수교육이 아닌데도 불구하고 초등학교의 90퍼센트에서 차대로운 프로그래밍 교육이 실행되고 있습니다. 또한 학교 밖에서의 프로그래밍 교육도 활발하여 세계적인 로봇대회도 개최되고 있습니다.

러시아에서는 2009년부터 초등교육에서 알고리즘교육이 필수화되어 산술적인 표현이나 문제해결력의 육성 등 알고리즘 중심의 학습으로 시작되어, 중등교육에서 본격화하는 프로그래밍 교육으로 연결되는 단계적인 학습 커리큘럼을 독자적으로 실시하고 있습니다. 최근에는 VR을 사용하여 학생의 지식을 진단하는 시스템 등을 개발하는 등 교육에 대한 의식의 높이를 볼 수 있습니다.

2019년에 행해진 일본에서 최대 규모의 교육 전시회「교육 IT 솔루션 EXPO」에서 모스크바 정부의 전시. 많은 교육 관계자나 취재진이 방문해, VR 헤드셋을 장착해「VR 지식 진단」을 체험하고 있다.

한국과 인도에서도 필수 교육이 시작!

아시아에서도 컴퓨터 교육의 대처가 재빨리 시작되고 있습니다. 한국은 아시아 속에서 일찍부터 컴퓨터 교육에 임해, 2014년부터는 한국 내에서 개발된 「엔트리」라고 하는 프로그래밍 학습 시스템을 사용해 배우고 있습니다. 필수화는 2019년부터 시작되었습니다. IT 대국으로 유명한 인도에서는 초등학교 저학년부터 프로그래밍을 포함한 컴퓨터 교육이 시작되고, 일본 중학교인 14세부터 프로그래밍 언어를 사용한 실천적인 학습이 진행되고 있습니다. 최근, 프로그래밍 교육의 저연령화가 국제적으로 진행되고 있으며, 캐나다나 이스라엘에서는 유치원으로부터 프로그래밍에 접할 기회를 마련하고 있습니다. 또, 해외의 컴퓨터 교육으로 주목하고 싶은 것은, 「프로그래밍 교육」만을 실시하고 있는 것은 아니라고 하는 것입니다. STEAM 교육이나 컴퓨터 과학, 워드프로세서나 엑셀같은 소프트웨어의 사용방법의 교육에 인터넷 매너나 보안에대한 교육까지도 21세기형 폭넓은 교육을 실행하고 있는 것이 특징입니다. 일본에서는 중학교에서 [정보] 라는 과목으로 프로그래밍을 배우기 시작하지만 초등학교에서는 학교별로 임의로 진행하고 있기 때문에 이제 겨우 프로그래밍 교육의 출발선상에 서 있다고 할 수 있습니다.

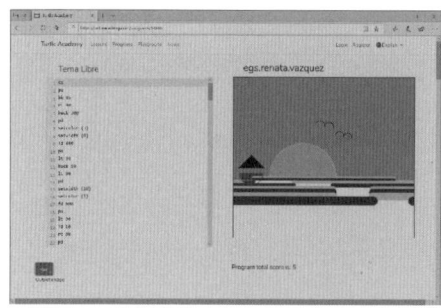

인도의 초등교육에서는 3~5학년 단계에서 'LOGO'라는 교육용 프로그래밍 언어를 사용하여 도형 작성을 배웁니다. 위 그림은 실제로 웹 브라우저에서 LOGO를 시도 할 수 있는 "Turtle Academy"에서 공개된 샘플 코드입니다.

일본의 모든 초등학교에 컴퓨터 보급을

2019년 12월, 수천억엔 규모의 예산을 걸고 「일본 국내의 모든 초중학교에서, 1명 1대의 PC 단말 등의 환경을 정비한다」가 각의에서 결정되었습니다. 지금까지 도시와 지방에서는 학교의 ICT 환경이나 보호자의 의식이 크게 달라, 프로그래밍 교육을 실시하는데 있어서의 격차가 문제가 되고 있었습니다. 이러한 지역 차의 문제나 「수업으로 사용하고 싶을 때 PC가 부족하다」라고 하는 학교 현장의 문제를 해결해 나가기 위한 정비가 꾸준히 진행되고 있습니다. 시부야의 초중학교에서는 이미 「1인 1대의 PC」를 실현하고 있습니다(태블릿으로서도 사용할 수 있는 2 in 1 타입의 PC를 배포). 그중 하나, 시부야 구립 하세도 초등학교에서는 산수의 수업으로 「스크래치」를 사용해 정다각형과 원주의 길이를 배울 수 있고, 사회과에서 도도부현 퀴즈를 작성하거나, PC를 적극적으로 활용하고 있습니다. 교장의 사토 씨는 "자신 전용의 PC가 있는 덕분에 학생들은 알고 싶은 것이 있으면 곧바로 스스로 검색해 기록하고 싶은 것이 있으면 내장 카메라로 점점 촬영해 주체적으로 과제에 임하게 되었다"며 "1인 1대의 PC"의 중요성을 강조하고 있습니다.

점점 더 중요해 지는 ICT 능력

앞의 각의에서는 대학에서 이계나 문계와 같은 전공에 관계없이 모든 학생이 AI에 대한 지식을 배우기로 결정했습니다. 장래 어떤 직업에 취해도, 컴퓨터나 프로그래밍, AI의 지식 등이 베이스가 되는 시대가 되기 때문입니다. 그리고 초등학교에서 배운 프로그래밍 교육으로 이어지도록 중학교와 고등학교에서의 프로그래밍 교육을 재검토하여, 2021년부터는 중학교의 「기술-가정과」로, 2022년부터는 고등학교의 「정보」로 프로그래밍 교육의 항목이, 더욱 증가하고 있습니다. 또, 지금까지의 센터 시험을 대신하는 「대학 입시 공통 테스트」에서는, 컴퓨터를 사용해 해답하는 CBT의 채용이 검토되고 있습니다. TOEFL이나 TOEIC, 영검 등의 대표적인 영어 검정에서는 이미 CBT에서의 수험이 실시되고 있어 앞으로는 컴퓨터를 다루는 스킬도 필수가 되고 있습니다. 2020년은 일본에 있어서의 「프로그래밍 교육 원년」이라고 말할 수 있습니다.

이미 시부야구의 초중학교에서는 PC의 「1인 1대」 환경을 실현.
구립 하세도 초등학교에서는 학년의 발달 단계에 따라 적절하게 태블릿을 활용할 수 있도록 수업을 중심으로 지도하고 있습니다.

아이와 함께 시작하는 프로그래밍 사고

컴퓨터를 고를 때 포인트!

① CPU

가장 중요한 두뇌와 같은 부분입니다.
고성능일수록 빠르고 가격은 비싸집니다.
기본사양... 최근에 발매된 CPU 일 것

추천
core i5 8400 이상
ryzen5 2600 이상

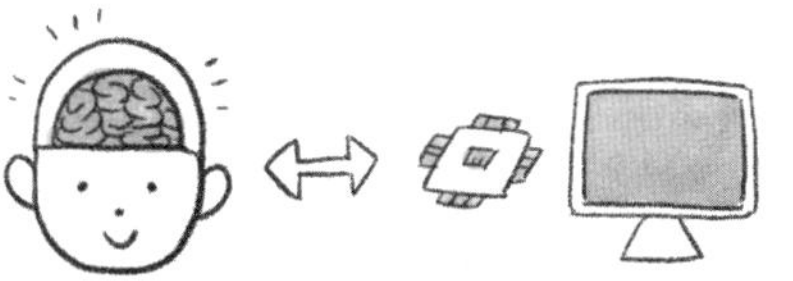

② 메모리

작업을 위한 공간(책상이라고 할 수 있습니다. 넓으면 넓을수록 공부하기가 편하고 이것저것 올려둘 수 있지요)
용량이 클수록 동시에 여러작업이 가능
기본사양... 4GB 이상

추천
8GB 이상

③ 저장공간

데이터를 저장하기위한 공간(지갑이라고 할 수 있습니다.
돈을 넣고 빼거나 할때의 편리함.)
가성비의 하드디스크(HDD) 또는 속도가 빠른 SSD
기본사양 HDD256GB 이상 SSD128GB 이상

추천
SSD 256GB 이상

SSD
작다! 빠르다!
고장이 안난다

HDD
싸다! 크다!
많이 들어간다!

참고 합시다!

정보활용능력을 익히자!!

OR 검색

복수의 검색어 사이에 스페이스와 or 를 입력하면 어느 한쪽의 키워드가 포함되어 있는 정보가 검색된다

🔍 쵸코렛바나나 or 바나나쵸코   검색

AND 검색

복수의 검색어를 스페이스로 구분하여 입력하면 복수의 검색어에 대한 정보가 검색된다

🔍 크레페 만드는법   검색

이런 방법이 있으니 참고합시다~

NOT 검색

키워드의 앞에 [-]를 넣으면 해당 키워드를 제외한 정보를 검색할 수 있다.

🔍 크레페 - 밀 크레페   검색

따옴표 검색

["]로 키워드를 감싸면 해당 키워드와 완전하게 일치하는 정보를 검색할 수 있다.

🔍 "맛있는 크레페를 만드는 법"   검색

와~~!! 레시피가 잔뜩 검색됐어!!

그렇다면.. [크레페 만드는 법] 으로 검색해야 겠다

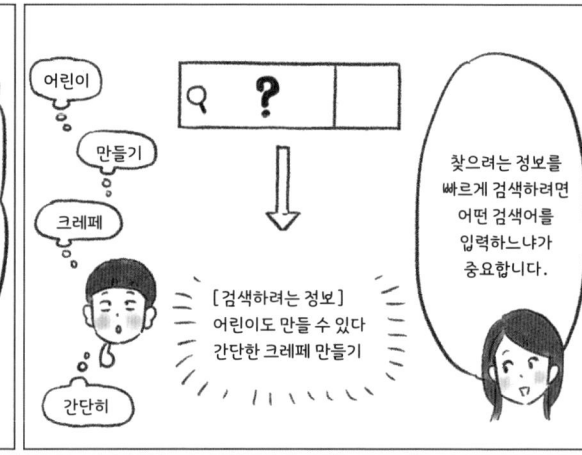

워크숍에 참가해 보았습니다.

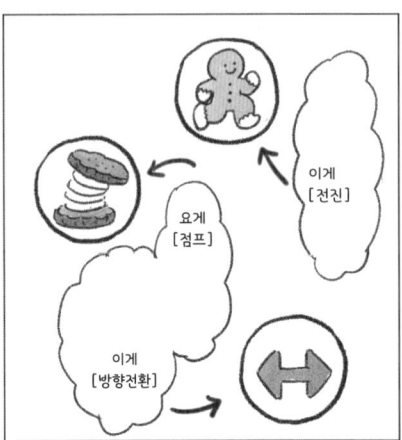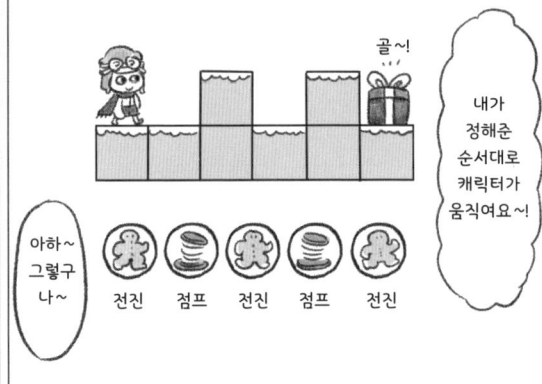

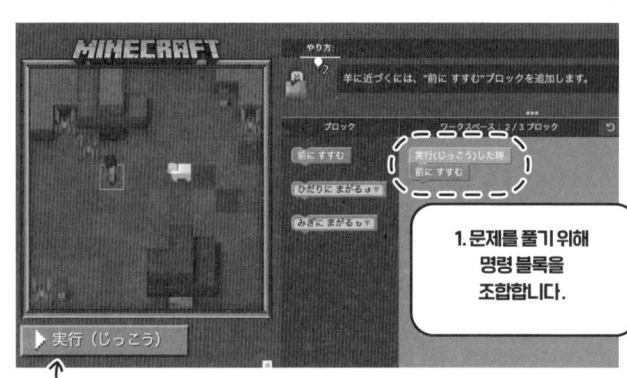

액티브 런닝

학생들이 선생님의 설명을 듣는, 일반적인 수업방법이 아닌 학생 스스로가 참가하여 주체적으로 문제를 해결해 나가는 수업방식을 말합니다.

프로그래밍 교육은 학생들이 서로 협동하여 해결방법을 찾아나가고 그런 분업을 통해서 학생들 스스로 생각하고 행동하고 배우는 액티브 런닝이 효율적입니다.

마야의 **설명코너**

부모와 자녀가 함께 시작할 수 있어요!

프로그래밍 교육 컨텐츠 가이드!!

프로그래밍 교육의 전문가들이 처음 시작하는 사람들도 쉽게 배울수 있는 프로그래밍 어플이나 서비스를 엄선하여 소개해 봅니다~!

재미가 첫 번째!! 처음으로 접해보는 프로그래밍

워크샵 참가 편에 등장했던 [마야 선생님]은 어린이를 대상으로 한 프로그래밍 교육 [smile tech]를 운영하고 있습니다. 전국 각지에 프로그래밍 세미나와 이벤트, 초등학교의 방문 수업이나 연구 등을 진행하고 있습니다. 프로그래밍 교육을 통해 어린이들은 놀이나 게임과 같은 느낌으로 체험하기 때문에 의욕적으로 참여를 할 수 있게 됩니다. 체험에 참가한 학부모들로부터도 [우리 아이가 이렇게 집중력이 좋은 줄 몰랐습니다], [(체

프로그래밍 교육 [smile tech] 수업 모습
https://www.smileme.jp

험학습을 하는 날은) 스스로 준비물을 챙기는 등 정말 즐거워합니다] 등 만족해합니다. 어린이들은 [수업 시간 동안만으로는 시간이 부족해요. 좀 더하고 싶어요]라고 이야기하고나 [집에서도 하고 싶은데 어떻게 해야 해요]라고 질문합니다. 실제로 집에서 할 수 있는 프로그래밍 교육 어플이나 서비스는 많이 있습니다. 반대로 너무 많아서 오히려 그중 하나를 고르기 힘들 정도입니다. 이번에는 수많은 교육 어플들 중에 어린이나 초심자가 쉽게 체험하고 배울 수 있는 프로그래밍 어플을 소개해 봅니다.

가격	기기
409 엔 (월정액)	iOS Android

로지와 컬의 스위트 아일랜드

https://kids.dmkt-sp.jp/

퍼즐 게임처럼 쉽습니다

이 어플을 사용하려면 도코모에서 제공하는 게임 앱 [d키즈]에 월정액 가입을 해야 합니다. (월 이용료 309엔, 31일간 무료체험가능)

과자섬을 배경으로 한 과자가 너무나 좋은 쌍둥이 형제 [로지]와 [컬]이 목표지점까지 가기 위해 과자를 먹는다는 스토리입니다. 목표지점까지 가기 위해서는 여러 가지 장애물을 넘거나 몬스터들을 쓰러뜨려야 합니다. 전진, 점프와 같은 캐릭터를 움직이기 위한 [명령어 과자 판넬]을 순서대로 조합하여 쌍둥이 형제가 목표를 향해 갈 수 있게 해야 합니다. 과자판넬을 먹는 순서를 조합함으로써 [순서도], [분기], [반복] 등 프로그램의 기본적인 명령을 학습할 수 있습니다.

가격	기기
무료	iOS

Springin'(스프리긴)

https://www.springin.org

프로그래밍 초보라도 마음만은 크리에이터!!

쉬운 튜토리얼 동영상이 준비되어 있어서 처음하는 사람도 쉽게 따라할수 있습니다.

문자, 블록을 사용하지 않는 비주얼 프로그래밍 어플입니다. 게임, 퍼즐, 그림같은 자기만의 프로그램을 만들 수 있습니다. 자신이 그린 그림을 Drag&Drop하여 보다 직관적으로 프로그래밍을 할 수 있습니다. 또한 회전 중력 워프 같은 동작명령 아이콘을 자유롭게 조작하여 작품을 만들기 때문에 상상력을 기르는 데 도움이 됩니다. 완성한 작품을 공개해서 친구들과 함께 할 수 있고 친구들로부터 코인을 받을 수도 있습니다. 다른 친구들이 만든 작품을 다운로드해서 즐길 수도 있습니다.

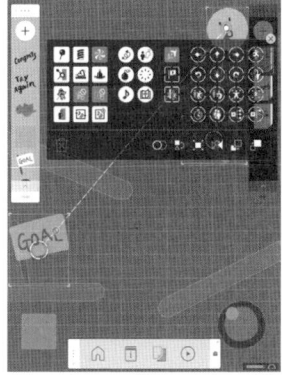

가격	기기
무료	Windows macOS

Hour of Code
https://hourofcode.com/jp/learn

튜토리얼 동영상으로 쉽게 따라할 수 있는

관련 교재도 많고, 튜토리얼 동영상도 있어 초보자도 튜토리얼 동영상으로 초보자도 쉽게 시작할 수 있습니다. 각 교재의 습득 기준은 약 3~4시간 시간 정도.

좋아하는 캐릭터를 프로그래밍해서 움직여 보자!!

인기 게임 [마인크래프트]로 [겨울왕국], [스타워즈]의 캐릭터들과 함께 프로그래밍을 웹사이트에서 배울 수 있는 프로젝트입니다. 미취학 어린이부터 고등학생까지 대상으로 무료로 이용이 가능합니다. 각 교재마다 테마가 정해져 있어서 각 테마에 따라 다른 시각으로 프로그래밍을 경험하는 것이 가능합니다. 예를 들어 [겨울왕국]의 경우 수학의 각도 계산을 이용한 프로그램으로 눈의 결정을 그립니다. [마인크래프트]에는 4가지 코스가 준비되어 있는데 초심자는 프로그래밍의 필수 요소인 반복이나 조건 분기의 개념을 배울 수 있는 어드벤쳐 코스를 추천합니다. 교재가 잘 준비되어 있어서 혼자서 학습하기에도 좋습니다.

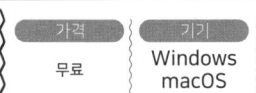

Scratch 3.0

https://scratch.mit.edu

가격	기기
무료	Windows macOS

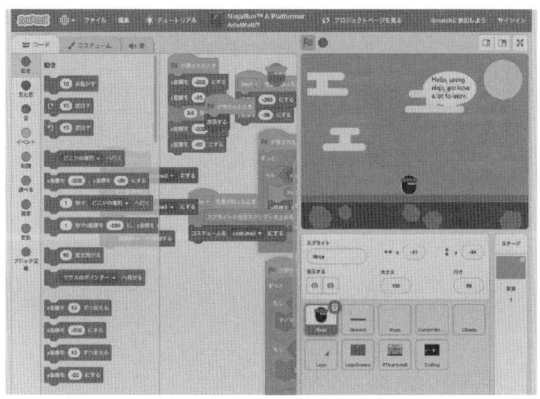

비주얼 프로그래밍으로 캐릭터도 자유자재로!

MIT 미디어 랩에서 개발한 어린이용 프로그래밍 어플입니다. 인터넷만 연결되어 있으면 어디서도 이용할 수 있습니다. 전 세계 약 4700만명의 어린이 유저가 프로그래밍 언어입니다.

아이디어를 실제로 구현해 보자! 응용도 무궁무진하다!

명령이 써 있는 블록들을 순서대로 연결하는 것만으로 프로그래밍이 가능합니다. 완성한 프로그램을 실행해서 생각한 대로 움직이는지 확인할 수 있습니다. 문제점을 발견하고 고쳐나가면서 논리적 사고력을 키울 수 있습니다.

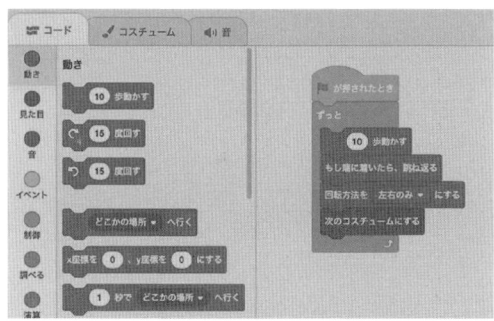

초등학교에서도 사용하고 있는 인기있는 프로그래밍 언어. 스크래치!

스크래치는 세계적으로도 많이 사용되고 있는 어린이들을 위한 프로그래밍 언어입니다. 프로그래밍 코드를 작성하는 대신에 블록이라고 불리는 부품들을 조합하여 프로그램을 작성합니다. 블록의 종류가 많아서 표현할 수 있는 것에 제한이 없습니다. 캐릭터를 게임 안에서 움직이게 한다거나 음악을 작곡한다거나 카메라 모듈과 센서들을 연결하여 로봇을 만드는 것도 가능합니다. 웹사이트에 세계의 유저들이 만들어 놓은 프로그램들이 공개되어 있어 그 것을 실행해 보고 개조해 보는 것도 좋습니다. SNS 기능도 포함되어 있어서 친구들의 작품에 댓글을 달거나 음성합성, 번역 등 여러 가지 확장 기능과 외부기기와의 연결하여 사용할 수 있습니다.

[소사이어티 5.0]
새로운 사회로의 한 걸음

[소사이어티 5.0] 새로운 사회로의 한걸음

안전하게 안심할 수 있는 PC 라이프를 위한

페어런트 컨트롤을 시작하기

컴퓨터를 사용할때는 계정을 공유하지 않고
한사람당 하나씩 별도의 마이크로소프트 계정으로 로그인해서 사용하도록 합시다.
여기에서는 82페이지에서 설명한 [페어런트 컨트롤]을 실제
윈도우10이 설치되어있는 컴퓨터에서 어떻게 설정하는지를 소개합니다.

어린이용 계정을 만들기

01

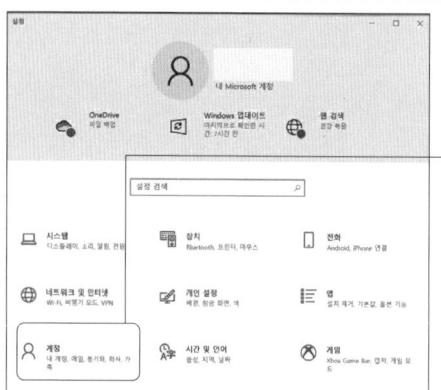

계정을 클릭!

자녀 보호 기능을 이용하려면, 부모와 자식 각각의 Microsoft 계정(이하 계정)이 필요합니다. 관리자 권한 (Admin 권한)이있는 상위 계정으로 컴퓨터에 로그인하고, [시작] → [설정]을 클릭한 다음 [계정]을 클릭합니다. 이미 어린이용 계정이 있는 경우, 이 절차는 비행 116페이지로 진행합니다.

02

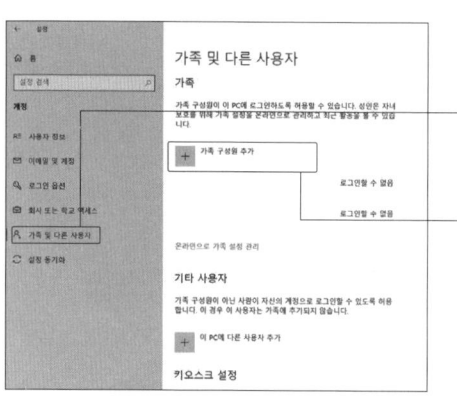

1 [가족 및 기타 사용자]를 클릭

2 [가족 구성원 추가]를 클릭

어린이용 계정을 만듭니다. 가족 및 기타 사용자를 클릭합니다. 그 다음 [가족 구성원 추가]를 클릭합니다. [가족 및 기타 사용자]를 클릭합니다. [가족 구성원 추가]를 클릭합니다.

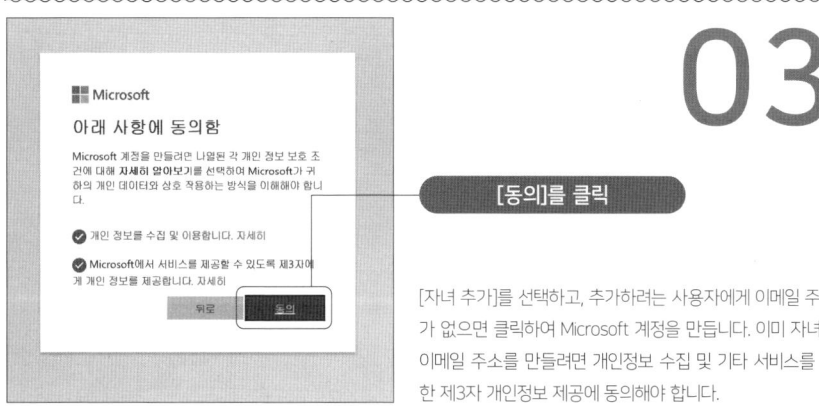

03

[자녀 추가]를 선택하고, 추가하려는 사용자에게 이메일 주소가 없으면 클릭하여 Microsoft 계정을 만듭니다. 이미 자녀의 이메일 주소를 만들려면 개인정보 수집 및 기타 서비스를 위한 제3자 개인정보 제공에 동의해야 합니다.

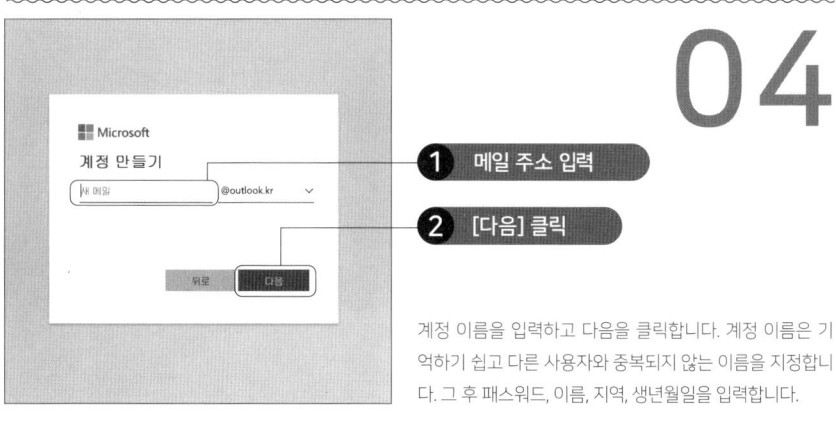

04

계정 이름을 입력하고 다음을 클릭합니다. 계정 이름은 기억하기 쉽고 다른 사용자와 중복되지 않는 이름을 지정합니다. 그 후 패스워드, 이름, 지역, 생년월일을 입력합니다.

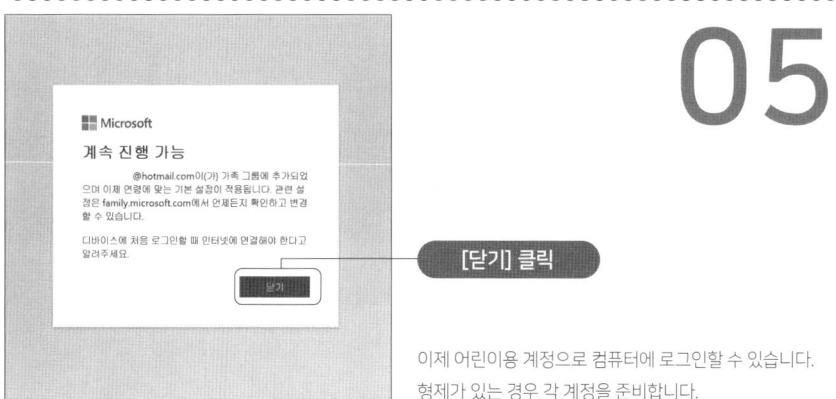

05

이제 어린이용 계정으로 컴퓨터에 로그인할 수 있습니다. 형제가 있는 경우 각 계정을 준비합니다.

페어런트 컨트롤 설정

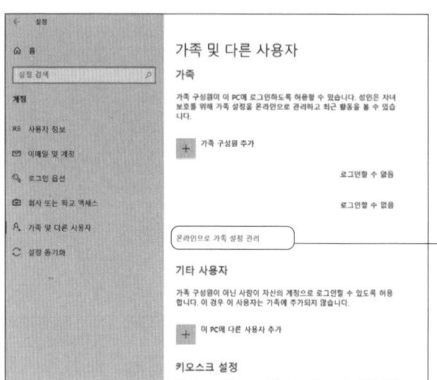

01

온라인에서 가족 설정 관리를 클릭

온라인에서 가족 설정 관리를 클릭합니다. 자녀의 계정에 대해 자녀 보호 기능을 설정합니다. 온라인으로 가족 설정 관리를 클릭합니다.

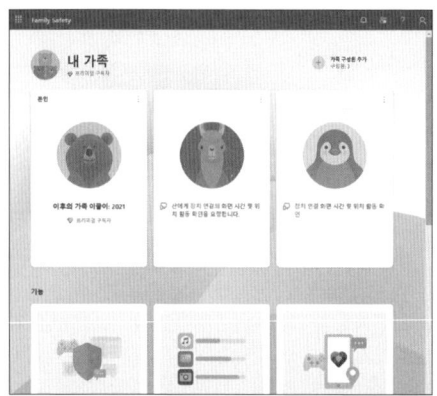

02

인터넷 브라우저가 시작되고 Family 화면이 열립니다. 만든 어린이를 위한 계정이 있는지 확인합니다. 또한 이 화면에서 가족 계정을 추가하거나, 가족 계정을 끈 수 있습니다. 다음으로, 계정마다 사용 시간이나 앱과 게임, 웹 열람의 제한 등을 실시해 갑니다.

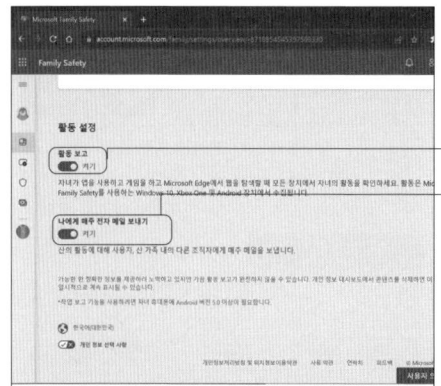

03

❶ [활동보고] 켜기

❷ [나에게 매일 전자메일 보내기] 켜기

설정하고 싶은 아이를 선택한 후 활동 설정으로 가서 [활동 보고]를 켭니다. 그리고 하단의 [나에게 매주 전자메일 보내기]를 주면, 자녀의 웹 검색 기록을 기록하고 해당 기록을 상위 이메일 주소로 보낼 수 있습니다.

Web 열람 이력을 확인할 수 있는 것은 아이가 Microsoft Edge 또는 Internet Explorer를 사용하고 있는 경우에 한합니다.

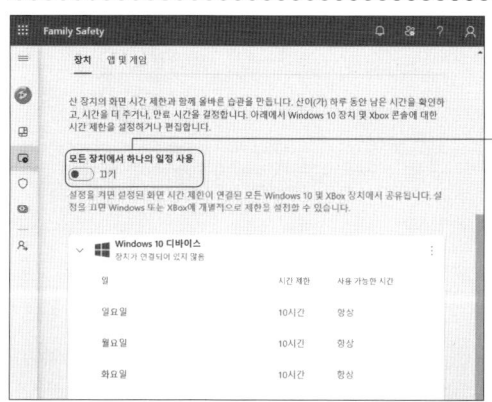

04

클릭

[모든 장치에서 하나의 일정 사용]을 클릭하고, 아래 Windows 10 디바이스를 선택하면 요일별 디바이스 사용 시간을 제어할 수 있는 메뉴가 나타납니다. 원하는 요일의 시간을 선택해봅니다.

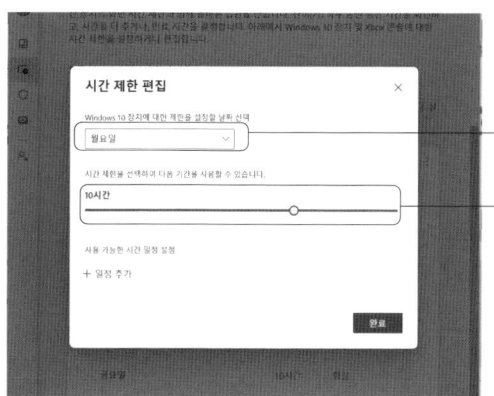

05

① 시간을 제어하려는 요일을 선택합니다

② 시간 선택

디바이스 시간을 제어하려는 요일을 선택하고 사용시간을 세팅합니다.

06

[앱 및 게임]을 클릭

여기서는 앱이나 게임 단위로 사용 가능한 시간대를 평일과 주말로 나누어 설정할 수 있습니다. 앱 및 게임 제한을 클릭하고, 제한하려는 앱의 필터를 켭니다. 앞서 설정한 사용 시간 범위 내에서 앱 단위의 사용 시간을 설정할 수 있습니다.

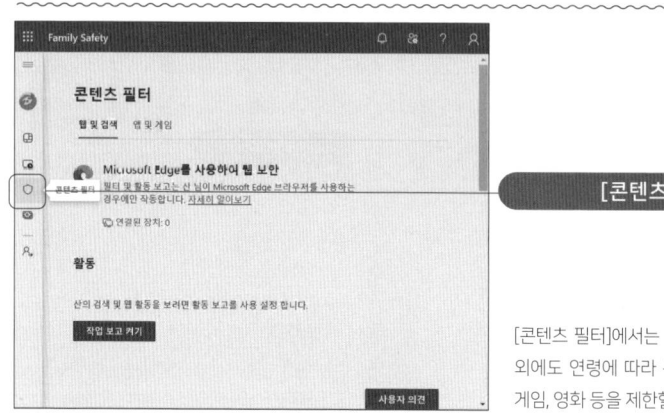

07

[콘텐츠 필터]

[콘텐츠 필터]에서는 임의의 앱이나 게임 차단 외에도 연령에 따라 규제 대상이 되는 앱이나 게임, 영화 등을 제한할 수 있습니다.

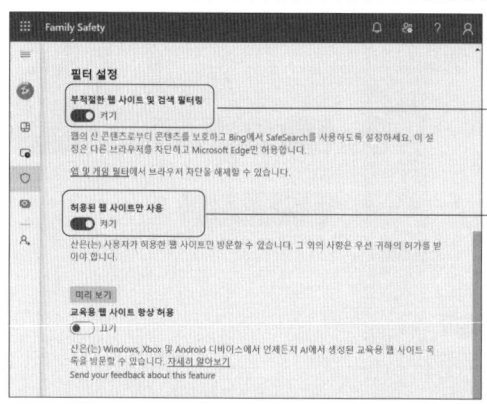

08

① 클릭

② 허용된 웹 사이트만 사용

계속해서 웹 브라우징을 제한합니다. '부적절한 웹 사이트 및 검색 필터링'을 선택하면, 성인용 웹 사이트를 차단하고 검색결과에서 제외할 수 있습니다. 특정 URL을 차단하거나 탐색을 허용할 수도 있습니다.

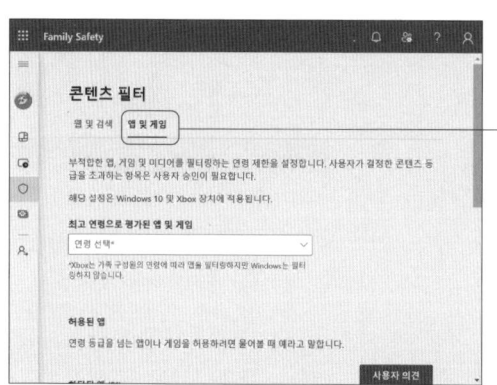

09

[앱 및 게임] 탭

앱이나 게임의 사용을 관리합니다. 나이 제한을 설정할 수 있고, 불필요한 앱을 실행하지 못하도록 삭제하거나 관리할 수 있습니다.

118

자녀의 계정을 확인해보기

유해사이트 차단

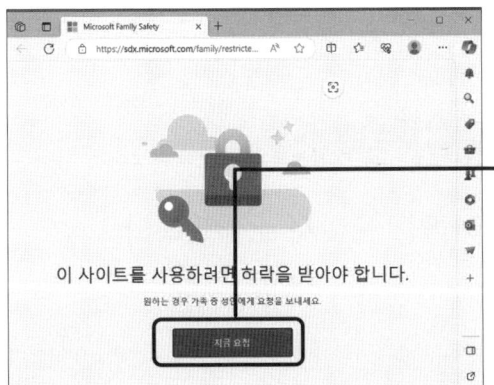

[지금 요청하기] 클릭

방금 만든 아이의 계정으로 컴퓨터에 로그인합니다. 성인용 웹사이트를 열려고 하면 [지금 요청]이라는 화면이 표시됩니다. 액세스하려면 이 지금 요청을 클릭하여 부모님의 승인을 받아야 합니다.

부적절한 검색어의 검색을 차단

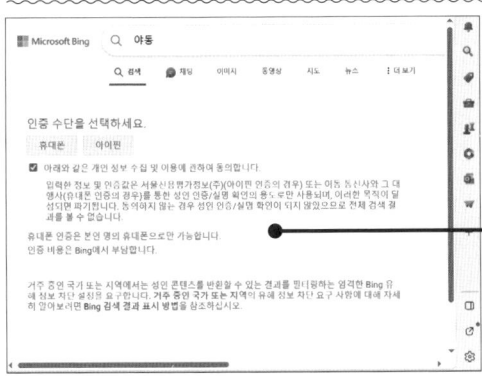

검색 결과 표시가 없다

검색 사이트에서 부적절한 키워드로 검색하면 인증절차를 걸쳐야 하며 검색 결과가 표시되지 않습니다.

시간연장요청

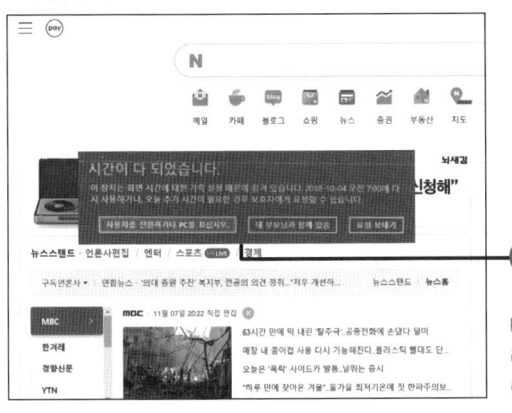

[요청 보내기] 클릭

PC 사용 제한 시간이 다가오면 남은 시간을 알리는 메시지가 표시됩니다. [요청 보내기]를 클릭하여 시간연장을 요청할 수 있습니다.

나나코 선생님과 좀 더 알아봅시다!
용어해설집

알아두면 좋을 용어들을 모아서 소개합니다

프로그래밍 교육을 하면서 꼭 알아두어야 할 관련 용어들을 모았습니다.
본편에서 해설하고 있는 용어들은 참조페이지와 함께 봐 주세요~

[21세기형 스킬들]
21세기에 요구되는 기술로서, 미국 등 6개구이 참여하는 국제단체에 의해 제창됐다. 4개의 분야로 이루어진 10 항목을 들 수 있으며, 프로그래밍 교육에서는 이 21세기형 스킬의 대부분이 성장할 것으로 기대되고 있다.
[생각의 방법] (①창조와 혁신 ②비판적 사고, 문제해결, 의사결정, ③학습 학습, 메타인지)
[일하는 방법] (④ 커뮤니케이션 ⑤ 협업)
[작업 도구] (⑥정보 활용 ⑦정보통신기술에 관한 리터러시)
[사회생활] (⑧지역과 국제사회에서의 시민성 ⑨ 인생과 경력 설계, ⑩ 개인과 사회의 책임)

[AI]
'Artificial Intelligence'의 약자로 '인공지능'으로 번역된다. 언어의 이해나 논리적인 추론, 경험에 의한 판단 등, 인간의 뇌가 하고 있는 지적인 행위를 컴퓨터상에서 재현하는 프로그램. 관련어의「싱귤러리티」는 AI가 가속도적으로 진화를 이루고, 인간의 지능을 넘는 시점을 의미하지만, 그 가능성에 대해서는 찬반이 나뉘고 있다.

[AR]
「Augmented Reality」의 약어로「증강 현실」이라고 번역된다. 현실의 풍경이나 환경에 컴퓨터의 정보를 거듭해 확장하는 기술. 스마트 폰 게임의「포켓몬 GO」는 그 대표 예로 실제 풍경에 스마트폰을 들으면 화면에 포켓몬이 나타나서 잡거나 네트워크 대전을 할 수 있다.

[BYOD]
"Bring your own device"의 약자로, 개인 소유의 PC나 태블릿 등의 정보 기기를 직장이나 학교에 반입, 업무나 학습에 사용하는 것을 의미한다. 기업이나 학교측에서 기기를 구입하지 않기 때문에 코스트감소가 되는 한편, 바이러스 감염 등의 보안 대책이 과제.

[CBT]

Computer Based Testing의 약자로, 시험 시에 종래의 필기가 아닌 컴퓨터상에서 실시하는 시험. 2018년에 영어 능력 평가에 도입되어, 2024년에는 대학 입학시험의 도입도 검토되고 있다. 음성이나 동영상을 이용한 문제를 제공하거나, 채점 작업이나 결과를 집계 과정이 자동화되어 많은 장점이 있다.

[CPU]

「Central Processing Unit」의 약자로, 「중앙 연산 처리 장치」라고 번역된다. 컴퓨터를 구성하는 가장 중요한 부품 중 하나. 프로그램의 지시에 따라 컴퓨터를 제어하고 연산하는 중추 부분. CPU의 사양은 그대로 컴퓨터의 성능에 직결된다. 미국 인텔 「Core i」 시리즈, 미국 AMD 사의 「Ryzen」 시리즈 등이 유명.

[GPU]

"Graphics Processing Unit"의 약자로, 화상이나 영상의 묘사를 전문으로 하는 연산 처리 장치. 컴퓨터 게임으로 대표되는 고급 그래픽을 표현하려면, 보다 고성능의 GPU가 필요해, "그래픽 보드" 또는 "비디오 카드"라는 전용 부품으로 제공됩니다. 미국 엔비디아사의 「GeForce」 시리즈, 미국 AMD사의 「Radeon」 시리즈 등이 유명. CPU에 GPU를 내장하고 있는 것도 있다.

[ICT]

Information and Communication Technology의 약자로 「정보통신기술」이라고 번역된다. 종래부터 사용되어 온 「IT(Information Technology)」라는 말이 '정보기술' 자체를 가리키는 반면, ICT는 정보 기술을 이용하여 인간이 정보와 지식을 공유한다는 의미를 포함한다.

[IOT]

"Internet of Things"의 약자로 "사물의 인터넷"으로 번역된다. 일상의 다양한 물건(물)이 인터넷으로 연결되는 것. 종래에는 PC나 스마트폰 등의 정보 기기에 한정되어 있던 인터넷이, 주택이나 가전에 연결하는 것으로, 문 닫기나 부재중의 애완동물의 모습을 확인하거나, 에어컨을 밖에서 컨트롤하거나 할 수 있다.

[OS]

"Operating System"의 약자로 컴퓨터에서 문자 입력 및 표시, 마우스 조작, 파일 조작, 인터넷 접속, 인쇄나 영상 · 음성의 재생과 같은 기본적인 기능을 유저나 어플리케이션에 제공하는 기본 프로그램입니다. 컴퓨터라면 Windows나 macOS, Chrome OS 스마트폰이라면 Android라는 OS가 각각 존재하고 있다.

[SNS]
소셜 네트워킹 서비스의 약자로, 인터넷상에서 사람과 사람이 교류하는 서비스를 말한다. 블로그나 게시판 등 기존 서비스에 있던 정보 발신력 외에도 SNS에서는 정보의 공유나 확산에 중점을 두고 있다. 실명으로 등록하기 위해 실제 지인 친구와 연결하기 쉬운 Facebook, 140문자 이내의 단문을 투고하는 간편함으로 10~20대에 인기로 Twitter, 사진에 의한 투고로「인스타감성」이라고 하는 유행어까지 만들어낸 Instagram, 스탬프라는 독특한 일러스트를 사용한 채팅으로 폭발적으로 보급된 LINE 등이 있다.

[STEAM 교육]
Science(과학), Technology(기술), Engineering(공학), Mathematics (수학)의 한 학문 교육에 힘을 쏟고, 세기에 적합한 인재 육성을 목표로 하는 교육 시스템. STEAM에서는 한층 더 Art(예술)가 더해진다. 자세한 내용은 본 설명서 60페이지를 참조.

[VR]
가상 현실의 약자로 '가상 현실'로 번역된다. VR 고글 등을 장착함으로써, 컴퓨터 안에 만들어진 가상 공간에 들어가 의사 체험할 수 있는 기술. 방에 있으면서 대자연이나 우주와 같은 다른 세계를 여행하거나, 비디오 게임의 세계에 자신이 들어가서 플레이하거나 할 수 있다.

[액티브 러닝]
전통적인 교사들에 의한 단방향 학습 스타일과는 달리, 아동이나 학생이 스스로 참가해 시행착오를 하며 배울 수 있다. 때로는 타인과 협력하면서 습득하는, 주체적 · 대화적이며, 깊은 학습을 실현하기 위한 학습 방법이다. 자세한 내용은 이 설명서 97 페이지를 참조.

[알고리즘]
문제를 해결하기 위한 절차와 방법을 공식화한 것으로, 실행하면 일정한 결과를 얻을 수 있습니다. 수학의 공식이나 컴퓨터의 프로그램은 알고리즘의 대표적인 예라고 할 수 있다.

[언플러그드 프로그래밍]
컴퓨터를 사용하지 않고 프로그래밍 사고를 습득하는 학습 방법. 퍼즐이나 카드를 사용하여 프로그래밍이나 문제 해결 절차를 배워 간다.

[학습지도 요령]
문부과학성이 정하고 있는 교육과정(커리큘럼)의 기준이며, 약 10년에 한 번의 페이스로 개정된다. '전국 어느 학교에서도 일정 수준이 유지된다'처럼 마련됐다. 2017년에 공시된 신학습지도 요령으로, 2020년도부터 초등학교에서 프로그래밍 교육이 필수화되는 것으로 밝혀졌다.

[협동 학습]
아동이나 학생들이 그룹에서 과제에 임하고, 서로 협력하고, 가르치면서 배우는 학습 방법. PC 등의 정보 기기를 통해 실시간으로 의견을 나누거나, 타교나 해외의 학교 등 물리적인 장벽을 넘어 교류 학습을 깊게 하거나, ICT의 보급에 의해 협동 학습의 활성화가 기대되고 있다.

[클라우드]
"클라우드 컴퓨팅"의 약자로, 인터넷 등의 네트워크를 경유하여 이용하는 어플리케이션이나 데이터 보존 서비스의 제공 형태. 클라우드에서는 이동 중에도 인터넷을 통해 클라우드 서비스에 로그인하면, 언제 어디서나 응용 프로그램과 데이터를 사용할 수 있다. 메일 서비스의 "gmail"과 스마트폰 데이터가 자동으로 백업되는 'iCloud'나 'Google 드라이브' 등이 예.

[컴퓨터]
전자 회로를 이용하여 계산이나 데이터 처리ㆍ가공 등을 실시하는 계산기. 가정이나 기업에서 이용하는 PC, 보다 고성능으로 전문적인 처리를 수행하는 워크스테이션, 연구기관에서 이용되어 초고속 처리가 가능한 슈퍼컴퓨터는 물론, 계산기나 스마트폰, 태블릿도 컴퓨터에 포함된다.

[정보활용능력]
목적에 따라 정보를 스스로 수집 선별하고, 얻은 정보를 임기응변에 활용하기 위한 기초적 자질. 2018년 공시된 학습지도 요령에 '학습의 기반이 되는 자질ㆍ능력'으로 예시됐다. 자세한 내용은 이 설명서 85페이지를 참조.

[정보 보안]
정보자산을 외부ㆍ내부의 위협으로부터 지키는 것. 교육 현장에서는 학교가 보유한 개인정보나 성적 등의 정보를 기밀 정보 유출, 무단 액세스, 데이터 변조, 자연재해 등으로부터 지키기 위한 대책을 하고 유지하는 것을 가리킨다. 이를 위한 기술ㆍ룰ㆍ의식(보안 대책)을 나타낸 가이드라인이 2016년 문부과학성에 의해 정리되었다.

[정보 모럴]
정보사회에서 살아가기 위한 기초가 되는 사고방식과 태도(윤리관). 누구나 인터넷에서 쉽게 정보를 발신할 수 있게 되었지만, 그 정보는 순식간에 전 세계에 전달되고 예상치 못한 영향을 미치거나 직접 대면에서는 일어날 수 없는 오해가 생길 우려가 있다. 이러한 상황을 피하고, 정확하게 안전하게 정보사회에서 활동할 수 있도록 아동이나 학생을 지도하는 것이 학습지도 요령으로 나타나 있다.

[스토리지]
데이터를 장기 보존하는 보조 기억 장치. 하드 디스크나 SSD, DVD, CD, USB 메모리 외에, Google 드라이브나 Dropbox 클라우드 형도 있다.

[소스 코드]
프로그래밍 언어로 작성된 프로그램. 다만, 인간에게 이해하기 쉬운 문자열로 기술되고 있지만, 이대로 컴퓨터가 프로그램을 실행할 수 없기 때문에, 궁극적으로 기계어로 변환됩니다.

[소사이어티 5.0]
컴퓨터나 인터넷 등이 발전한 현대의 「소사이어티 4.0(정보 사회)」에 대해 빅데이터의 활용이나 IoT, AI의 발전에 의해 방문하는 미래 사회. 자세한 내용은 본 설명서 27페이지를 참조.

[소프트웨어]
컴퓨터를 작동시키기 위한 프로그램. 컴퓨터의 기본 기능을 제공하는 "OS", 스프레드시트 및 이미지 편집과 같은 특정 작업을 수행할 수 있는 "응용 프로그램", 프린터나 스캐너 등의 주변기기를 제어하는 「드라이버」 등이 소프트웨어에 포함된다.

[딥러닝]
방대한 데이터 중에서 고유한 특징을 찾아 자동으로 학습하는 컴퓨터 기술로, AI(인공지능)의 발전을 지지하고 있다. 인간의 신경세포(뉴런)의 구조를 모방한 다층 구조에 의해, 각 층에서 데이터에 포함되는 특징을 자동적으로 학습하여 인간을 넘는 인식 정밀도를 실현한다고 한다. 「딥러닝. 심층학습」이라고도 한다.

[디지털 교과서]
종래의 종이의 교과서의 내용을 그대로 전자 데이터화한 교재. 동영상과 음성, 애니메이션을 포함한 콘텐츠는 「보조 교재」로서 디지털 교과서와는 구별된다. 2019년 4월부터 시행된 법률에 따라, 전통적인 종이 교과서 대신 디지털 교과서를 사용할 수 있게 되었다.

[전자 보드]
적은 내용을 저장 재생할 수 있는 칠판. 그 외에 종래의 칠판에는 없었던 기능이 많이 탑재되어, PC 화면이나 동영상의 표시, 화면상의 교재나 사진에의 기입, 전회의 수업 내용의 회고나 세세한 그래프의 확대 표시 등 학습 의욕이나 이해도가 높아 수업의 효율화 등이 기대되고 있다. 2018년 3월 시점에서의 조사로 공립초등학교의 보통 교실에서의 전자칠판의 보급률은 28.2%였다.

[비스킷]
유아~성인용 비주얼 프로그래밍 언어. "안경"이라는 도구를 사용하여, 스스로 그린 그림이나 캐릭터를 자유롭게 움직이는 프로그램을 쉽게 만들 수 있다. 스마트폰이나 태블릿용 전용 앱이나 PC의 Web 브라우저로 이용 가능.

[하드웨어]
컴퓨터 본체, 키보드, 마우스, 디스플레이, 프린터 등의 각 기기를 가리킨다.

[빅데이터]
SNS와 클라우드의 발전으로 인터넷을 통해 수집할 수 있게 된 방대한 데이터와 그 해석 데이터. 빅데이터의 해석으로부터 얻은 정보를 마케팅이나 새로운 비즈니스의 창출에 살리는 움직임이 산업이나 학술, 행정 등 다양한 분야에서 진행되고 있다.

[프로그래밍 언어]
컴퓨터에서 작동하는 프로그램을 만드는 인공언어. Java(자바), Python(파이썬), C++(시플러스플러스), Ruby(루비) 등 목적과 환경에 따라 다양한 언어가 있습니다.

[프로그래밍적인 사고]
자신이 의도하는 일련의 활동을 실현하기 위해 어떤 움직임 조합이 필요하며, 하나하나의 움직임에 대응한 기호를 어떻게 조합하면 좋을지 기호의 조합을 어떻게 개선하면, 보다 의도한 활동에 접근하는지 같은 것을 논리적으로 생각하는 힘 (문부 과학성「초등학교 프로그래밍 교육의 안내」). 자세한 내용은 이 설명서 45페이지를 참조.

[프로그램]
컴퓨터를 움직이기 위한 명령의 여러 가지를 컴퓨터가 이해할 수 있는 형태로 정리한 데이터. 이 명령어는 프로그래밍 언어로 작성됩니다.

[페어런트 컨트롤]
어린이가 컴퓨터나 스마트폰 등의 정보 기기를 안전하고 적절하게 이용하기 위해 보호자가 감시하고 아이의 정보기기를 관리하는 대책. 자세한 내용은 82페이지를 참조.

[마인크래프트]
'월드'라는 가상 공간에서 플레이어가 블록을 조합해 물건 만들기나 모험을 즐길 수 있는 게임. 2016년에 등장한「Minecraft: Education Edition」에 의해 프로그래밍 학습의 교재로써의 이용이 퍼졌다. 2019년 5월에는 테트리스를 제치고 세계에서 가장 많이 판매된 게임이 됐다.

[메모리]
실행 중인 애플리케이션 및 데이터가 일시적으로 저장되는 저장 장치. 용량이 클수록 여러 응용 프로그램의 동시 시작, 여러 작업을 병렬 처리 할 수 있습니다. PC에 따라서는 구입 후에 메모리를 업그레이드 하면 보다 쾌적하게 사용할 수 있습니다.

마치며..

마루사이

프로그래밍이라는 단어는 내 인생에서 익숙하지 않았습니다.
"뭔가 컴퓨터에 관련된 말이었던 것 같은데…" 라고 먼 세계의 말이라고 생각했을 정도입니다. 즉 프로그래밍의 무엇인가를 전혀 모르고 이 만화를 그리기 시작했다는 것입니다(무모했지요!).

만화 속 나는 나나코 선생님이 옆으로 이사해 온 것을 계기로 조금씩 프로그래밍에 대해 깊게 이해하게 되면서 동시에 현실 세계의 나도 「과연~!」, 「그런 것인가!」 등이라고 외치면서 원고를 그려나갔습니다.

99페이지에서 "프로그래밍 교육이 왜 필요한가"라는 것을 이해하게 되면서, 그리면서 배웠던 모든 것들이 하나로 연결되어 결국 「우와~!! 아이들의 미래는 프로그래밍 없이는 아무것도 할 수 없는 거였어!!」라고, 외쳐야만 했습니다.

이 글을 쓰는 지금,
프롤로그의 첫 페이지를 그리기 시작했던 그때와는 분명히 프로그래밍 교육에 대한 인식이 바뀌어 있습니다.

프로그래밍 지식이 없이도 살아올 수 있었던 저의 인생과 앞으로 미래를 살아가는 아이들의 인생은 완전히 다르다는 것을 저의 경험으로 아이들의 미래를 함부로 예상해선 안 된다는 것을 확실히 깨달았습니다.

어린 시절의 저는 청소 로봇이나 손바닥 사이즈의 컴퓨터는 공상과학 소설에서나 나올법한 이야기라고 생각했었습니다.

이제 그들은 삶의 일부가 되었습니다.
프로그래밍의 혜택을 받으면서 편리한 생활을 영위할 수 있다는 것을 반년 전의 저는 상상도 할 수 없었습니다.

이 만화를 그린 끝난 지금 저의 머리 속 또한 업데이트가 된 기분입니다.

「어째서 초등학교에서 프로그래밍 교육이 필요한 거야? 프로그래밍이 도대체 뭐야?」

이러한 의문을 가지는 모든 분께 이 책이 「나나코 선생님」이 될 수 있기를 바랍니다.

부모와 자녀가 함께 배운다
만화로 보는 프로그래밍 교육

2024년 04월 20일 1판 1쇄 인쇄
2024년 04월 30일 1판 1쇄 발행

글.그림_ 마루사이
감수_ 이시도 나나코
번역_ 신동선
펴낸이_ 김종원
펴낸곳_ 비엘북스
주소_ 경기도 고양시 일산동구 중앙로 1079, 624호
전화_ 070-7613-3606 | **팩스_** 02-6455-3606
등록_ 2009년 5월 14일 제 313-2009-107호
출판사 홈페이지_ https://vielbooks.com
도서문의_ vielbooks@vielbooks.com
ISBN_ 979-11-86573-66-2
정가_ 12,000원

MANGA DE NARUHODO! OYAKO DE MANABU PROGRAMMING KYOIKU
マンガでなるほど！親子で学ぶプログラミング教育
Copyright(c) 2020 Nanako Ishido, Marusai
All rights reserved.

First published in Japan in 2020 by Impress Corporation Tokyo
Korean translation rights arranged with Impress Corporation
through Shinwon Agency Co.
Korean translation copyright (C) 2023 by VIEL BOOKS

이 책의 한국어판 저작권은 신원에이전시(Shinwon Agency)를 통한
Impress Corporation사와의 계약이므로 '비엘북스'가 소유합니다.
저작권법에 의하여 한국 내에서 보호를 받는 저작물이므로 무단전재 및 복제를 금합니다.

 # 일러두기
이 책에서 설명하는 IT 및 프로그래밍 교육정책은 일본 사회의 교육정책에 기반한 내용입니다.